だいじょうぶだよ、モリス

「こわい」と「いやだ」がなくなる絵本

カール=ヨハン・エリーン 著

中田敦彦 訳

飛鳥新社

MODIGA MORRIS　EN VECKA UPP OCH NER
by Carl-Johan Forssén Ehrlin.

Copyright©Carl Johan Forssén Ehrlin 2018
Illustrations by Katarina Vintrafors

Publsihed by agreement with Salomonsson Agency
Japanese translation rights arranged through Japan UNI Agency, Inc.

本書の読み方の手引き

　本書は、お子さんが日常生活で感じる、あらゆる不安をなくすための絵本です。泣いている子や痛がる子のそばにいながら、何もしてあげられないのはつらいもの。お子さんと大人たち──親や保育、教育関係者──が困難を乗りきるうえで、心理学的な観点から考案されたこの画期的な絵本が役に立ってくれるでしょう。

　お子さんにとってのつまずき、親にとっての子育ての壁といえる場面で大切なことはなんでしょうか。すべては考え方を変えられるかどうか、にかかっています。本書でモリスが経験すること、それを解決するために周囲の人がかける言葉は、お子さんが似たような状況に直面したときに、幅広く応用して使えるものです。この本をくり返し読み聞かせれば、お子さん自身が、モリスをお手本にして行動できるようになるでしょう。

　巻末には、話のなかで紹介された方法をどのように活用すればよいのか、解説と具体例を挙げてありますので、参考にしてください。また、本書を最大限に活用するため、お子さんに読み聞かせる前に、一度ご自身で解説まで読み通すことをおすすめします。

　本書の内容は、さまざまな指導方法や心理学的理論、そして、私自身がカウンセラーや教育者として過去20年間に積み重ねた経験に基づいています。そのうえ私自身も二児の父であり、どうしたらわが子を適切に助けてあげられるだろうかと、日々努力を重ねています。本書の方法は、これまでにわが家の子どもたちだけでなく、世界中の多くの人びとを助けるのに役立っており、その効果のほどは検証済みです。あなたのお子さんの力にもなれることを心から願っています。

カール＝ヨハン・エリーン

モリスはこんな子

　モリスは、パパ、ママ、おねえちゃんといっしょにくらしています。一家は引っこしてきたばかり。モリスは自分のものをひとつ残らずもって新しい家にやってきました。

　モリスは勇気があって、好奇心が強い子。いつも元気で、楽しいことが大好き。いろいろなものを見つけては、おねえちゃんや友だちと遊ぶのに夢中です。木のぼりも好きで、なかでもいちばんのお気に入りは、枝から逆さまにぶら下がること。ポケットになにか

入っているときは、バラバラと地面に落としてしまうけれど。それから、自転車にのるのも大好きなんですよ。ちょっとバランスをくずしやすくて、よく転びますが、またすぐにのります——モリスはかんたんにはくじけないのです。

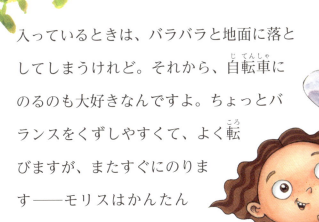

　モリスは大きくなったら、先生かお医者さん、はたまた宇宙飛行士になりたいと思っています。そのどれになるかは、まだ決めていません。人を助けるってどんな気分だろう、宇宙を飛ぶのってどんな気持ちだろう、と考えています。モリスには、やりたいことがたくさんあるのです。

　新しく引っこしてきた町には、ワクワクするものがたくさん待っているはず——公園の遊び場に、木のぼりにもってこいの木、それに新しい友だち。でも、はじめの1週間があんなに大変になるなんて、モリスは夢にも思いませんでした……。

月曜日

　朝起きたら、モリスはおなかがしくしくする気がしました。あしたから新しい保育園へ行くことになっています。　新しい友だちができるかな？　モリスは昔からの友だちがもちろん好きでしたが、みんな前に住んでいた町にいるのです。新しい町でひとりぼっちだったらどうしよう？　考えれば考えるほど、モリスはこわくてたまらなくなって、ついに泣きだしてしまいました。

それを聞いていた、おねえちゃん。

「どうしたの、モリス？」と声をかけます。

「こわいの。それにこんな気持ちはいやだ」

「なんでこわいの？」

「保育園でいっしょに遊ぶ友だちができるかこわい。また楽しい気持ちになれるようにしてくれる？」

「だいじょうぶだよ。モリスを元気にするのが世界でいちばん得意なのは、私ですもの！」とおねえちゃん。

「こんなふうに考えるのはどう？　ぜんぶの気持ちが、じつはあなたの体のなかでくるくる回転してるの。メリーゴーランドみたいにね。それがたまに、体のなかから飛びだしちゃったりするの。もし気持ちを変えたいなら、その回りかたを変えればいいのよ。体のなかやそとで気持ちをくるくる回して、いっぱい遊んじゃうの。そうするとこわい気持ちは、何がなんだかわからなくなって、どこかへ消えちゃうわ」

　おねえちゃんは空中で両うでをふり回して、気持ちが動き回るようすを見せてくれました。

「さあ、自分の気持ちでやってみて。そうすればわかるわ！」とおねえちゃんが言います。

　モリスも興味がわいてきて、やってみます。

7

「じゃあ、ここから始まるよ」と、自分の体を指さしました。

「あれ、でも気持ちが向きを変えて、別のほうへ回っていく。見てよ、おねえちゃん！ レーシングカーみたいに、全速力でコースを回ってるよ！ いま部屋から出て、家を出て、通りのほうへ行くよ」

モリスがこわい気持ちをあっちこっち、いろいろな方向へ動き回らせていると、いつのまにか、それはどこかへ行ってしまいました。今はもうおなかからクスクス笑いがこみあげて、声をたてて笑いだします。

「ほらね、あなたをいい気分にしてあげられたでしょう」とおねえちゃん。「あしたは、新しい日。きっとお友だちがたくさんできるわよ」

火曜日

　今日は、モリスがはじめて新しい保育園へ行く日。保育園に着いてしばらくはパパがいっしょにいてくれたので、とても安心でした。でも、パパは仕事に行かなければいけません。

　保育園には３人の先生と、たくさんの子どもたちがいます。遊び相手になってくれるし、みんなモリスに親切でした。それでも、ついつい前の保育園の友だちを思いだしてしまいます。とうとうモリスは泣きだしてしまいました。会いたくて、さみしくて。

　すると、先生がモリスの横にすわりました。
「こんにちは、モリス。だいじょうぶ？」
「ううん、悲しいの。前の保育園の友だちに会いたいんだ」
「その気持ち、よくわかるよ。

さみしくていやだなって感じるのはあたりまえだから、だいじょうぶ。じゃあ、元気になれるようなこと、いっしょにやってみる？」

　モリスはやってみたいなと思いました。何をするのか知りたくなったのです。

「こうするんだ。目の前にお友だちの写真があると思ってごらん。どう？　写真が見える？　それはどこにあるかなー？」

　モリスは自分の前を指さし、「そこにあるよ！」と言いました。

「オッケー！　じゃあ、その写真を動かしてみようね。写真を手で持ったつもりになって、それをきみの心のなかに入れて、そこにしまっておくんだよ。さあ、こうすればお友だちは、いつもきみの心のなかにいるでしょ？　どこへ行ってもいっしょさ」

　モリスは先生に言われたとおりに、自分の心のなかに友だちの写真をしまいました。

　そうして、前の友だちのことを考えると、あたたかくて幸せな気持ちになったではありませんか。

　また先生が言いました。

「つぎは、きみの目の前のさっきと同じ場所に、新しい写真を思いうかべてみようか。今度は、きみと、この保育園での新しいお友だちの写真だよ。その写真のなかでは、きみと新しいお友だちがいっ

しょに楽しく遊んでいるんだ」

　モリスはしばらくのあいだ、新しい保育園の友だちを思いうかべた写真を見ていました。それから立ち上がって、こう言いました。
「新しい友だちと遊んでくる！」

　あっという間に1日がすぎました。パパとママがおむかえに来ると、モリスはぜんぶお話ししました。どんなに楽しい1日だったか。どれほどたくさんの友だちができたか。モリスは明日も保育園に行って、友だちともっと遊ぶのが、待ち遠しくてたまりませんでした。

水曜日

　モリスは、保育園で楽しい1日をすごしました。子どもたちはみんな、ほとんどの時間を、そとで遊んですごします。モリスは砂場で穴をほったり、自転車にのったりして、新しい友だちと遊びました。それから、動物ごっこも。モリスはイモ虫になって、地面をはいまわりました。おかげでママがおむかえにきたときには、服はすっかり、どろだらけ。

　家に帰るとママが言いました。「おふろに入らなきゃ！」

　ママがおふろにお湯をためたところへ、モリスがいきおいよくザブン！　おもちゃのボートやゴムのアヒルで、パチャパチャとお湯をはねちらします。モリスは海の王者です！

　でも突然、モリスは壁にクモがいるのを見つけて、こわくなりました。いそいで反対側へとにげます。

「ママ！」と呼びかけると、「どうしたの？」と答えながら来てくれました。

「壁に気持ち悪いクモがいてこわいの！　あそこだよ！」とモリスが指さしながら言うと、「あの小さいの？」とママ。

それからママはモリスに、「だいじょうぶよ。あのクモの名前はティナよ」と言うと、物語を話しはじめたのです。

「昔あるところにティナというクモがいて、おばあさんの家を訪ねてきました。おばあさんグモはティナに、赤いくつ下を8つ編んでくれました。『寒くなったら、このくつ下をはくのですよ』とおばあさん。それから、『でも、もしお友だちが寒そうだったら、貸してあげるようにね』とつけくわえました。よろこんだティナは、オレンジ色のぼうしもおばあさんから借りました。小さなクモのティナはぼうしをかぶって、くつ下をはき、あんまりうれしかったので、ダンスをしながらおうちまで帰りました。ティナはよくぼうしをかぶって、くつ下をはくけれど、おばあさんから言われたように、お友だちにもよろこんで貸してあげましたとさ」

「モリス、ティナは今日、くつ下とぼうしをつけているかしら？それとも、きょうだいやお友だちに貸してあげているのかな？」

モリスは、ちょっとこまりながらママを見て、それからクモを見ました。

「くつ下もぼうしもつけてないよ。今日はきっと、お友だちに貸してあげたんだね」

ママは笑ってこう聞きました。「知ってる？　ティナは歌に合わせておどるのが好きなのよ。私たちにもおどりを見せてくれるかなー？」

ママとモリスは手遊びをつけながら、「ちっちゃなクモさん」の歌を歌いました。ティナがよろこんで、ダンスをしてくれていると思いながら。

ティナは壁をのぼっていき、ダンスしながら小さな割れ目に入っていきました。モリスはもう、ティナのことがこわくありません。ティナだけでなく、ほかのクモも、もうこわくなくなりました。それどころか、すっかりお友だちのように思えるのでした。

木曜日

　モリスは朝、パパといっしょに保育園へ
の道を歩いていました。モリスはご機嫌で、
目をさましたばかりのチョウチョたちを追い
かけては、走り回っていました。すると突然、
モリスは転んでひざをすりむき、小さなすり傷をつくってしまいま
した。ズキズキと痛みます。わっと泣きだしたモリスをなだめなが
ら、パパは言いました。「あぁ、痛いね、痛くていやだね。でも、
だいじょうぶ。あんまり痛くないようにして、痛いのがどこかに
いっちゃう方法、知ってる？」

　知りたいな、と思ったモリスは、涙でほっぺたをぬらしながら、
パパを見ました。
「あそこに、自転車をこいでいる女の人が見えるだろう？」
「うん」と鼻をすすりながらモリス。
「痛いのをあの自転車にのっけて、いっしょに持っていってもらお
うよ」
　パパはつづけてこう言いました。「その痛いのは何色をしている
かな？」
「赤だよ！」とモリスは答えます。
「もし痛いのが声を出せるとしたら、どんな音だろう？」

「イタッていうよ！」とモリスはキッパリ。

「よし！　じゃあ、どんな形をしてるかな？」

「サッカーボールみたいだ」

「っていうことは、イタッて声を出す赤いサッカーボールだね？」

「そうだよ」と言いながら、モリスの気持ちは落ち着いてきました。

「でもまだ痛いよ、パパ」

「すぐにどこかへ行ってしまうからね」パパは元気づけるように言いました。

「じゃあ赤いボールをとって、あの自転車にのせてごらん」

パパは、自転車にのって通りすぎる女の人を指さしました。

「女の人は行ってしまうから、モリスの痛いのもいっしょに、消えてしまうんだ。ほんのちょっとのあいだにね。それに、女の人が遠くへ行けば行くほど、すり傷もどんどんなおってしまうんだ」

モリスは自転車のほうを見ます。赤いボールが、自転車に向かってはずんで行くところを、思いうかべます。ボールはバウンドするたびに「イタッ、イタッ、イタッ」と声をあげます。ボールは自転車の

郵 便 は が き

料金受取人払郵便

神田局
承認

4953

差し出し有効期限
2020年
9月13日まで

1 0 1 - 8 7 9 1

5 1 2

東京都千代田区一ツ橋2-4-3
光文恒産ビル2F

（株）飛鳥新社　出版部

『だいじょうぶだよ、モリス』読者カード係行

|ill|·|·|l|·il|·il|ill|l|·|l|·|l|·|l|·|l|·|l|·|l|·|l|·|l|·|l|·|l|·|lll|

フリガナ		性別　男・女
ご氏名		年齢　　　歳

フリガナ
ご住所 〒

TEL 　　　　（　　　　）

ご職業　1. 会社員　2. 公務員　3. 学生　4. 自営業　5. 教員　6. 自由業

7. 主婦　8. その他（　　　　　　　　　　　　　）

お買い上げのショップ名　　　　　　　　　所在地

★ご記入いただいた個人情報は、弊社出版物の資料目的以外で使用することは
ありません。

『だいじょうぶだよ、モリス』感想大募集！

この度は本書をお買い上げいただき誠にありがとうございます。
読み聞かせされてのご感想を大募集します。
今後の参考にさせていただくとともに、小社ホームページ等にも掲載させていただければと存じます。http://www.asukashinsha.co.jp

■お子さんの年齢、性別

■特によかったお話がありましたら「曜日」で教えてください。

■ご感想（お困り事が解決したエピソード、お話のこのあたりが好き、
　お子さんの感想、などご自由に）

＊あなたのご意見・ご感想を新聞・雑誌広告や小社ホームページ上で
1. 掲載してもよい　　2. 掲載しては困る　　3. 匿名・ペンネームならよい

だいじょうぶだよ、モリス　2018.09

ところまではずんでいき、ちょうど女の人が遠ざかって見えなくなる瞬間、かごのなかに入りました。

「うまくいったよ、パパ！」モリスは歓声をあげました。「痛いのはほとんどなくなったよ。傷ももう、なおりはじめてる！」モリスは涙をふいて、パパと手をつなぎました。そしてまた保育園への道を歩きだしました。

　モリスはその日じゅう、けがをしたときパパがどんなふうに痛いのをとってくれたかを友だちに話しました。グングンなおっている、ひざのすり傷も見せながら。

金曜日

　保育園は昼食の時間。モリスはおなかがペコペコです。モリスはときどき、ある食べ物がきらいだと決めつけることがあります。今日はブロッコリーがきらい。おなかはすいているし、なんできらいなのかも思いだせないというのに、食べたくないのです。

「ブロッコリーはきらいなんだ。食べるのはいや」モリスは先生に言いました。
「それはこまったわね。でもだいじょうぶ」と先生。「おなかはすいてるの？」
「うん、すいてるよ」
「ある食べ物がきらいだと言ったり思ったりしていて、でもほ

んとうは好きだったって発見したことはない？」そう先生は面白そうにたずねました。

「ええと…１回あったかな。パパと動物園に行って、お昼を食べることになって。パパがエビが入ったパスタを買ってきて、『エビはきらいだよ』と言ったんだ。だけどパパに、いいから食べてみてごらんと言われて、食べたらおいしかった。今はいつだってエビを食べてるよ」

「すごーい！　ほかにもそういうことがなかった？」

「ものすごくおなかがすいてたときに、ママがバナナしか持っていなかったんだ。バナナは好きじゃなかったんだけど、食べてみた。バナナをまるまる１本食べたんだけど、おいしかったよ！」

モリスは、ほこらしげに言いました。

「それにね、スープにキノコが入ってたときはね」と、モリスは一生懸命つづけます。「ほとんど吐きそうだったよ。キノコが気持ち悪くてたまらなかったんだ！　でも食べてみたら、すごくおいしかった」

「じゃあ、試しに食べてみたら好きになったことが何度かあるのね。きっとこれからもあるわ！　ひょっとしたら今かも？」と先生はモリスに聞きました。

モリスはお皿の上のブロッコリーをしげしげと見つめました。勇

19

　気をだして、ひと口食べてみることにします。ブロッコリーをそーっと口に入れて、かみはじめます。静かに意識を集中して。いったいどんな味かな？　キノコみたい？　エビみたい？　その両方かも？　それともバナナかな？　モリスは先生に笑いかけ、フォークでもうひと口食べます。モリスはうれしくなりました。ブロッコリーが好きだと発見したのです。

　家に帰ると、モリスはパパとママに、保育園でのできごとを話しました。どうやってブロッコリーを食べられるようになったか。どんなに勇気を出して、がんばったか。晩ごはんでは、モリスはブロッコリーをおかわりしたのでした。

土曜日

　モリスは、おねえちゃんと楽しい１日をすごしていました。お菓子を焼いて、自転車にのって、なわとびをして。いちばん楽しかったのは、ケーキを焼いたこと。おねえちゃんが小麦粉をたくさんばらまいたら、顔がおばけみたいに真っ白になっちゃった！　それを見てみんなが笑いころげ、おねえちゃんも大笑いしました。でも楽しい１日は終わり、もう寝る時間です。ママが明かりを消して、部屋が暗くなりました。すると、モリスはこわくなりました。
「部屋が真っ暗なのはいやだよ」そうママに言いました。

　ママはすこし考えてから、こう言いました。「だいじょうぶ。そ

うねぇ、黒も色のひとつなんだって思ったことはない？」
「どういうこと？」
「あのね、あなたの服もおもちゃも、いろんな色をしてるでしょ？」
モリスはうなずきながら、「うん、そうだね」と答えます。
「真っ暗なとき、部屋のなかの物はぜんぶ、色を変えてるだけなの。
ほんとうはどれも、明るいときと、ちっとも変わっていない。なん
なら、ほかの色に変わっちゃってるってことにしてもいいの。黒は、
青や黄色や、モリスがいいなと思うどんな色にも変われるの。あな
たが好きな色とかね？　真っ暗になったら、心のなかでいろんな楽
しいことだけ考えて、そのほかのことはぜんぶぜんぶ忘れちゃう
の」

　ママはつづけます。「電気を消すと部屋が真っ暗になるけど、し
ばらくすると目がなれてくるの。そうするともう少し物が見えてく
るわ。昼間とはちょっと色がちがうけどね。電気がついていると、
窓からお空の星を見ることができないでしょう。お部屋が暗いとき
だけ、夜空に星が見えるのよ！」
「うん、星がとってもきれいだね、ママ！」モリスは言いました。

「じゃあ、暗やみに目がなれると、星を見ながら眠れるの？」とモ
リスが聞くと、「そうですとも。毎晩星を見られるわよ」とママは
言いました。モリスにふとんをかけながら。

「それなら、真っ暗を好きになりたいな」とモリス。

　モリスがベッドで星をながめていると、ママが「きらきらぼし」を歌いはじめます。

「きらきらひかる　おそらのほしよ」

　モリスは星の数を数えようとしますが、まぶたがだんだん重くなっていきます。そしてモリスは目をとじる寸前に、「もう暗いのなんか、こわくないぞ…」とつぶやいて、眠りに落ちました。

ママはモリスのおでこにキスをして、言いました。

「あなたはとっても勇気があるわ、モリス。おやすみなさい、いい子ね」

日曜日

　モリスは、とびきりうれしい気分で目ざめました。今日は家族そろって公園へ行って、ジャングルジムやブランコで遊び、いっしょに楽しくすごすのです。急いでベッドから出ると、みんながもう起きて、出かける準備をしているかどうか、たしかめました。

　公園では、たくさんの親子づれが遊んでいます。高いところへのぼるのが大好きなモリスは、ジャングルジムの上のほうまで、スルスルとのぼっていきます。すると、ほかの子が泣いているのが、聞こえてくるではありませんか。見ると、小さい男の子が、ジャングルジムのてっぺんにすわっています。
　「なんで泣いてるの？」とモリスが聞くと、「こわくておりられな

いの」とその子が答えました。

　モリスはいいことを思いつきました。たぶん、あの男の子の気持ちを変えられる。おねえちゃんが自分を助けてくれたみたいに。モリスは試してみることにしました。

「こわいっていう気持ちを手にとって、体のなかでくるくる回転させて、ほかの方向へ飛んで行くと思ってごらん。それか、宇宙まで飛んでいくって思ってもいいんだよ」

「やってみるよ」男の子は言うと、少しのあいだ言われたとおりに想像してみました。

「ほんとだ、もう平気だ！」と、その子は言って、モリスといっしょにジャングルジムからおりました。男の子はとてもうれしそう。モリスも、男の子を助けられたことを、ほこらしく思いました。

　つぎにモリスは、ブランコのほうへ歩いていきました。ブランコには女の子がのっていましたが、クモをこわがっています。モリスは、この子も助けることにしました。

「そのクモ、赤いくつ下をはいて、オレンジ色のぼうしをかぶってる？」と聞きました。

「えっ…いいえ」その子はこまったように言います。「クモはくつ

下やぼうしをつけたりなんかしないでしょ？」

「それならたぶん、友だちに貸してあげてるんだよ」モリスは言うと、また遊びにもどりました。女の子は、びっくりしたようにモリスを見ましたが、やがて笑いだしました。そしてクモのことはもう気にしないで、またブランコをこぎだしました。女の子は安心して、また楽しい気分になったのです。

モリスがパパとジャングルジムにのぼっていると、パパが落っこちて、足をぶつけました。とても痛そう。モリスが転んだときにパパがしてくれたように、今度はモリスがパパの痛いのを消してあげる番です。その痛いのはどんな色？ どんな声を出す？ どんな形をしてる？ そうモリスはたずねていきます。答えているうちに、パパはすぐに

気分がよくなり、モリスをギュッとだいて言いました。
「助けてくれてありがとう、モリス！　足の痛いのはもうどこかへいっちゃったよ。いろいろたいへんだったこの１週間で、モリスはたくさんのことを覚えたね。きみは勇気がある子だ。あしたはだれを助けてあげるのかな？　さあ、みんなでお弁当を食べよう。きのう、おねえちゃんといっしょに焼いたケーキも食べられるぞ」

　　　　　　　　　　　　　　　　　　　　おしまい

巻末解説 この本を活用するヒント

　ここでは大人のみなさんのために、モリスが学んだ方法についてさらに理解を深め、実際に日常生活のなかで使うコツをご紹介します。

　私は教育者としての長年の経験から、本書の方法は大多数の子どもたちや大人に有効であると確信しています。しかし効果の現れ方には個人差があり、子どもによっては定着するまで何回かくり返さなければならないものもあるでしょう。

　方法を1回で身につけ、暮らしのなかで自然に使う子どもたちもいれば、一方で、説明を求め、何度か試してからようやく受け入れる子どもたちもいます。どちらが正しくて、どちらが間違っているとは言えません。ただ、それぞれに合ったやり方で、新しい技術を習得しようとしているだけなのです。どうぞ忍耐強く、方法の効果を信じつづけ、それをお子さんに伝えるようにしてください。

　お子さんが話を最後まで聞こうとしないこともあるでしょう。代わりに自分がモリスと似たような状況を経験しただとか、そのときの感情について話そうとするかもしれません。そんなときはどうか時間を取って、お子さんの話したいことについて話し、この本はまた別の機会に読んであげてください。

　本書の最大の目的は、「どんなに困難な状況でも別の見方をすれば乗り切れる」という考え方を教えることにあります。ですから、そうした会話のきっかけになったなら、それもまたよしです。

　逆に、本を読んでいるときでなくても、この本で取り上げている状況にもし出くわしたら、その場で本書のような言葉がけをしてみてください。慣れてくると、別の場面でも応用できるようになるでしょう。

　なお本書では、父、母、きょうだいで構成される典型的な核家族に基づいて説明をしています。お子さんの家族状況に合わせて、自由に変更してください。「パパ」はおじさん、またはおじいちゃんでもいいですし、「ママ」はおねえちゃんやおばあちゃんでもいいでしょう。

大人の行動による効果

　モリスが学ぶテクニックをお子さんにも信じてもらうには、まず**あなた自身がその効果を信じている必要があります。**この本の限りない可能性を信じて、それをお子さんに伝えてあげてください。そうしてこそ、魔法が起きるのです。大人として、あなたは、お子さんにとってのお手本というきわめて重要な役割を担っています。無害なクモを見かけたときにあなたが怖気づいたら、お子さんはすぐそれを見習ってクモをこわがるようになるでしょう。

　つまり、本書を最大限に活用するには、それぞれの状況で自分がどのように振る舞うかを考えておいてください。あなたが大人として落ち着いた態度を示し、この本の内容を信じていることがお子さんに伝われば、「魔法」は必ずお子さんに根づくはずです。

一生、役に立つ「気持ちの変えかた」を身につける

　たとえ同じ体験をしても、感じ方は人によってさまざまに異なるもの。そのため、すべての人が共鳴できる普遍的な現実はなく、私たちはそれぞれ違った「世界」に住んでいるともいえます。現実をどう解釈するかは、個人的経験や知識、文化、そのほか数多くの要素によって形作られています。

　この「心象地図」とも呼ばれるものは若いときに形成され、大人になった後も私たちの決断に影響をおよぼします。お子さんの助けになるには、ときには私たち自身が事実と信じている自らの心象地図や、考え、評価をひとまず脇におく必要があるかもしれません。**大人であるあなたが、「考え方を変えることはじつはそれほど難しくない」と信じられれば、必ずいい変化を起こせます。**大人が簡単だと思えば、お子さんにとっても簡単になるのです。

　どうか先入観をもたずに心を開き、お子さんをできる限り助けてあげてください。この本の方法は一生ものです。いったん身につけば、お子さんが大人になってからも役に立ち続けるでしょう。

「五感のうちどれを使うといいか」は一人ひとり違う

　子どもたちが何かを学ぶとき、どの感覚を用いると効果が高いかは、その子によって違います。ある子は視覚に訴えるものをよく理解し、ある子は聴覚、またある子は触覚に訴えるもののほうが理解しやすいということがあります。子どもの学習能力を最大限に刺激するため、本書では意図的にさまざまな感覚を利用しています。五感のうちお子さんに最大の効果を発揮するのはどれかを見きわめていただければ、子育てのあらゆる場面でそれを活用できるでしょう。

「心の壁」を打ち破る

　私たちはときに、決まった考え方から抜け出せなくなったり、問題解決をさまたげるような思考にとらわれたりします。モリスが経験する状況とその対処法は、「ピンチのときには、いつもと違う新しいやり方が威力を発揮する」と教えてくれます。そうすることによってはじめて人は状況に対する見方を変え、体験の仕方も変えることができます。

　そのとき大切なのが、シンボルや色、動作を活用することです。それらを使うことで脳は新しい考え方や気分を受け入れやすくなり、凝り固まった思考パターンも打ち破れるのです。

　この本の方法を日常的に使うことで、お子さんはネガティブな思考や感情にとらわれることがなくなり、より健やかな心が育まれるでしょう。

月曜日 [テーマ] 新しい環境への不安

ねらい

　私たちの気持ちは、「くるくる回転しているもの」としてイメージすることができます。その「気持ちのイメージ」は自分の体の一部であったり、全体であったり、あるいは、体の外ということもあります。ここでは、正しいとか間違っているとかは関係ありません——自分の気持ちをどのように表現するかは、人それぞれだからです。モリスが不安を抱いたとき、姉は、その不安感といっしょに遊びながら、弟が自身の気持ちの方向を変え、もっとポジティブな気持ちになれるようにしてあげます。モリスは一瞬驚きますが、その効果で、新しい気持ちを柔軟に受け入れることができたのです。

注意するポイント

　いろいろな気持ちは体の内側で回転するもの、あるいは回転しながら体を出たり入ったりするものだと、お子さんに想像させてみてください。ときには、気持ちが飛びはねながら進んだり、壁にぶつかったり、また必要に応じて全速力で体内に戻ったりするところを想像させるのも有効な方法です。ポジティブな気分を強めることができるでしょう。どの方法が最も効果をあげるか、最も楽しいか、いろいろ試してみてください。

活用例

　私自身の話ですが、飛行機で旅行をしたり、メリーゴーランドに乗ったりすると、乗り物酔いすることがあります。乗り物が止まり、自分の気分に意識を向けてみると、乗り物酔いが私の体内で動き回っているようにはっきりと感じられます。そんなとき、私は気分が回転する方向を変えて楽しんでみます。すると、乗り物酔いの不快感を急速にやわらげることができるのです。

火曜日 [テーマ] さみしい気持ち

ねらい

　私たちの記憶は、その種類によって「方向づけられて」、まとめられています。「好きなもの」の記憶はあるひとつの方向にずらっと並んで置かれていて、「嫌いなもの」の記憶は別の方向に並んでいるのです。そして、何かを思い出すとき、私たちは「ある方向」を見ます。

　つまり、私たちは、その場所に「置いた」心的イメージを見ているのです。心的イメージは潜在意識によってつくられ、過去の記憶や気持ちを象徴します。そして私たちは、そのイメージに目をやるわけです。この仕組みを意識するようになると、自発的に心的イメージを変えることができる——言い換えれば、自分の気持ちをガラッと変えることができるのです。

　話のなかで、モリスは先生から指導を受け、引っ越し前の友だちと遊んでいるイメージを、新しいイメージに置きかえます。その新しいイメージでは、モリスは新しい友だちと遊ぶ自分の姿を見ています。

注意するポイント

　必ずお子さんの横に位置して同じ方向を向き、お子さんがイメージを浮かべる場所を指させるようにしてください。あなたがお子さんの前にいると、お子さんの視界がさえぎられ、イメージがうまくできません。

活用例

　私はこの方法を何度となく用いて、何らかの悩みを持つ大人が人生を大きく変える手助けをしてきました。なかでも多いのは、自信を強めるお手伝いです。ひとたび安全を象徴する「状況」や「人物」を視覚化できれば、その人は「自信」をいつでも視覚化できるようになります。もしもイメージを浮かべる場所が定まらないようなら——言い換えれば、様々な方向に目をやるようなら——自分自身のイメージを「安全を象徴する場所」に動かし、重ねるように指導します。すると突然、その人は伸びをし、心の中で変化が始まります——これにより、潜在的に自分自身を自信のある人物と結びつけることができ、自分をもっと信じられるようになるのです。

水曜日 ［テーマ］ 虫など苦手な生き物

ねらい

　なぜ、クモをこわがる子どもが（大人も）多いのでしょうか。それは、人類の祖先が危険な動物に囲まれて暮らしていた、太古の昔からの習性です。お話のなかでモリスはクモをこわがりますが、ママといっしょに「クモから連想するものを変える」ことによって、恐怖心をやわらげます。

　この方法で子どもを助けるのは比較的容易ですし、もちろんクモ以外にも応用できます。何かのイメージをポジティブなもの、ポジティブな意図をもったものに変化させればよいのです。

注意するポイント

　とにかく自由な発想で、お子さんといっしょに楽しみましょう。お子さんの想像力を刺激し、アイデアを思いつかせることができれば、なおいいでしょう。たとえばこんな質問をしてみてください。「クモさんは保育園にいないときは、何をして遊ぶのが好きかしら？」「クモのお友だちとサッカーをして遊ぶのは好きかな？」「サッカーゴールはクモの巣でできているのかな？」

活用例

　多くの人がクモ恐怖症で私のところにやってきます。そんなときはクモから連想するものをいっしょに考えだし、その人にとってのクモの心的イメージを変化させます。モリスの母親がやったように、クモにおどけたぼうしを被らせたり、毛のくつ下をはかせたり、ピエロの鼻をつけたりします。恐怖症が深刻な場合には、クモに出くわしたときに自分が今までとは違う反応をする映像を、何度も思い描いてもらいます。その際、楽しい音楽も想像できれば、いっそう効果的です。苦手な生き物のイメージを変えられさえすれば、大人の恐怖症でも治すことができます。子どもは心が柔軟なので、より簡単に克服できるのです。

木曜日 [テーマ] けがや痛み

ねらい

　モリスは保育園へ行く途中で転んでけがをします。モリスが痛みに耐えられるように、父親は痛みに色や形、音をあてがってごらんと言います。痛みを物としてイメージすることによって、脳は痛みから距離を置き、それを軽減できるのです。父親はモリスに、痛みを象徴する物を手に取って、走り去っていく自転車に乗せてしまうように言います。こうすることで、脳は、痛みの体験からますます距離を置き、痛みをさらに軽減することができます。

注意するポイント

　痛みについて質問をするときは、あなたも感覚を研ぎすませて、お子さんが答えたことをくり返すようにしてください。痛みの体験（あるいはそれ以外の、変化させたいと思う感情）の象徴が現実味を増せば増すほど、脳は象徴を信じ、それを遠ざけたときに起こる変化を感じとりやすくなります。

活用例

　私がこの方法を長男にはじめて用いたのは、長男が3歳のときのこと。レストランで指をはさんでしまい、あまりの痛さに大声で泣きだしたのです。私が即座に「痛いのはどんな色をしてる？」とたずねると、「赤」と答えました。私たちは痛みのイメージ化をつづけ、遠くにあった花瓶に向かって投げ入れました。すると長男は落ち着きを取り戻し、食事に戻りました。これ以降、長男が痛がったときに同じことをすると、どんどん上手になり、すぐに気持ちが切り替えられるようになっていきました。

金曜日 ［テーマ］ 苦手な食べ物

ねらい

　脳は一般化を好みます。もし一度でもストーブでやけどをすれば、後々までどのストーブを見てもやけどを恐れます。それと同様に、子どもたちは、ある食べ物に何かまずいことがあると——出され方に問題があった、ほかの食べ物とくっついていたなど——修正されない限りそのイメージを一般化しつづけます。こうした悪しき連想を断ち切る一つの方法は、その食べ物に対するポジティブなイメージで上書きすることです。脳が好ましい連想を一般化し、そちらに焦点を合わせられるようにするのです。

注意するポイント

　お子さんが好ましい例を思いつくように、それを誘いだすような質問をしましょう。お子さんが何も思いつかないようなら、あなたが覚えている例から、助け舟を出してもかまいません。好ましい行動や考え方を強化してくれる例が３〜４個は挙がるようにしてください。くれぐれも、苦手だと一般化してしまうようなネガティブな例は避けましょう。

活用例

　子どもは、自分という存在やあり方をときどき「言葉」で認めてもらう必要があります。もし子どもがこうした確認を大人に求めていながらそれを聞けないと、問題は自分自身にあるのだと一般化するようになり、自己不信に陥ってしまいます。この行動は成人期までつづくこともよくあります。少年期に自己を肯定する確認が得られなかったために、「自分を信用した経験のない大人」を、私は数多く指導してきました。こうした大人の自己評価を変えるには、まさにモリスが行ったのと同じ方法を取ります。すなわち、十分な数のポジティブな記憶を想起してもらい、ネガティブな思考をポジティブなものに転換するという方法です。

土曜日 ［テーマ］暗闇への恐怖

ねらい

　モリスは暗闇がこわいので、母親が部屋の明かりを消すのが嫌でたまりません。しかしこの方法は就寝前に限らず、あらゆる状況で子どもが暗闇に対処するのに利用できます。モリスの母親は、「暗闇とは何か」というモリスの思考を変える手助けをします。具体的には、暗闇をたんなる色だと思わせることによって、闇のポジティブな側面──星がよく見える──に意識を集中させています。

注意するポイント

　子どもたちが何かにおびえているとき、大人の私たちにできることはなんでしょうか。それは、子どもたちの豊かな想像力に働きかけ、世界を別の視点から見られるようにするヒントをあげることです。伝えたい内容を私たち自身がちゃんと信じている限り、お子さんは喜んで勧められたことを試そうとしてくれるでしょう。

活用例

　私が息子をお風呂に入れていたときのことです。何かの不具合で電気が消え、浴室が真っ暗になりました。息子は驚き、不安に襲われましたが、私は冷静さを保ち、モリスの母親のように「闇も色の一つなんだよ」と話しました。そのうちに目が慣れてきて、部屋のなかの物がだんだん見えてきました。すると突然電気がつき、浴室はまた明るくなりました。これが息子にとって初の暗闇体験でしたが、親として、闇にネガティブな連想を抱かせない対処ができたと思っています。

日曜日 ［テーマ］学んだことを日常で使いこなす

ねらい

　日曜日は、すべてがモリスの思うままに進んだ楽しい日です。モリスは自分が身につけた技術を使って、ほかの子どもたちや父親を助けていきます。本書におけるこの日のねらいは、お子さんに1週間の出来事を思い起こさせ、これまでに学んだことがあらゆる状況——ほかの子どもたちや大人との——で使えることを示し、その実践力を強化することです。

注意するポイント

　本書の意図は、日常生活で問題が生じたときに、子どもが自分でそれらを軽減する方法を手ほどきすることにあります。この日曜日の話は、お子さんが新たに習得した知恵をいつでも活用できるように、大人はどうすればよいかを示しています。

　この本のエピソードに似た状況になったとき、「こういうこと、本にあったね」と結びつけて会話してもらえれば、お子さんは学んだ技術を自分のものにしやすいでしょう。そうすれば親がいないときでも、モリスが直面したのと同様の問題が起きたとき、お子さんは自分だけでも状況を改善できるようになっていきます。

活用例

　私には日課があります。それは、長男がこれまでに「できたこと」を思い起こさせながら、長男と話すこと。我が子が努力して成果をあげたときのことについて話すのです。具体的には、ほかの子どもが泣いているのに気づいて助けようとしたことや、トイレトレーニングの間、ちゃんと自分でトイレに行ったことなどです。これらは成功体験を想起させるので、「自己の強化」につながり、また、一生を通しての行動の基盤を形成できます。記憶をくり返し呼び起こすほど、再記憶が容易になり、思考により大きな影響をおよぼすのです。子育てはもちろん、私たちの心のあり方を決める基本中の基本として、どうか覚えておいてください。

翻訳者のことば

中田敦彦

「あぁ、こういうふうに子どもに接してあげればよかったんだな」
この本を読んで、思わずそう口に出してしまいました。

　子どもって本当にいろんなことをこわがったり、いやがったりしますよね。そんなときにどんな言葉をかけてあげたらいいのか迷うこと、ありませんか？　それに対する「ベストアンサー」がそのまま詰まっているのが本書です。

　さらにすごいのは、その根っこにある育児への考え方が学べることかもしれません。これは私の分析ですが、この本の方法は、実はたった2パターンに分けられます。
　ひとつは、「痛いの痛いのとんでけ理論」。痛みをものに置き換えて、なくしてしまう。日本でおなじみの方法ですが、ちゃんと理論の裏付けがあったのが嬉しくもあり、こわいとかさみしいとか別のネガティブな感情にも使えるというのは目からウロコでした。
　もうひとつは、名付けて「敵キャラにもストーリーがある理論」です。これは大人も同じなのですが、人間なにがこわいって「知らないもの」「よくわからないもの」なんですね。でも、未知のもの——この本で言えばクモや暗闇や新しい友だち——の背景にあるストーリーを考えてあげることでグッと存在が身近になり、こわくなくなる。人気作品の悪役を中心にしたエピソードがつくられ、笑顔や仲間とふれあっている姿が見られるとその悪役も人気が出るのと、同じ原理でしょう。

　日本語への翻訳にあたり、ちょっとした工夫をしました。原書ではモリスは男の子なのですが、日本版ではあえて性別の特定をしていません。女の子に読んであげる場合でも、より感情移入してもらうためです。お子さんに「モリスは男の子なの？女の子なの？」と聞かれたら、どちらでもお好きに答えてあげてください。モリスをお子さんのお名前に言い換えて読んであげてもいいでしょう。

　子育てで困った場面で即使える。その場だけでなく、将来的にも不安やストレスに上手に対応できる子になる。しかも、この本の原理って大人にも同じですから、私たち自身の人生にも役に立つ。一石三鳥の本と言っていいのではないでしょうか。

だいじょうぶだよ、モリス
「こわい」と「いやだ」がなくなる絵本

2018年　9月25日　第1刷発行

著者／カール=ヨハン・エリーン
訳者／中田敦彦

発行者／土井尚道
発行所／株式会社 飛鳥新社
　　　　〒101-0003 東京都千代田区一ツ橋2-4-3 光文恒産ビル
　　　　電話（営業）03-3263-7770（編集）03-3263-7773
　　　　http://www.asukashinsha.co.jp

ブックデザイン／城所潤＋大谷浩介（ジュン・キドコロ・デザイン）
印刷・製本／中央精版印刷株式会社

落丁・乱丁の場合は送料当方負担でお取替えいたします。小社営業部宛にお送りください。
本書の無断複写、複製（コピー）は著作権法上での例外を除き禁じられています。

ISBN 978-4-86410-666-5　©Atsuhiko Nakata 2018, Printed in Japan

編集担当／矢島和郎

大好評！ 魔法のぐっすり絵本シリーズ

たった10分で、寝かしつけ！

心理学的アプローチにもとづいた、
読むだけでお子さんが眠る絵本。
スウェーデン発の世界的ベストセラーです。

『おやすみ、ロジャー』
A5判変型・上製・オールカラー32ページ／1296円（税別）
ISBN978-4-86410-444-9

朗読版も大好評

水樹奈々・中村悠一　大人気声優の声でぐっすり！
読むのが苦手なママ、パパはもちろん、
寝つきの悪い大人にも「眠れる」と評判です。

『おやすみ、ロジャー　朗読CDブック』
A5判変型／1296円（税別）
ISBN978-4-86410-515-6

第2弾はゾウさん

『おやすみ、ロジャー』と同じ手法による
寝かしつけ第2弾。より楽しいお話と、
かわいいイラストが人気です。

『おやすみ、エレン』
A5判変型・上製・オールカラー32ページ／1296円（税別）
ISBN978-4-86410-555-2